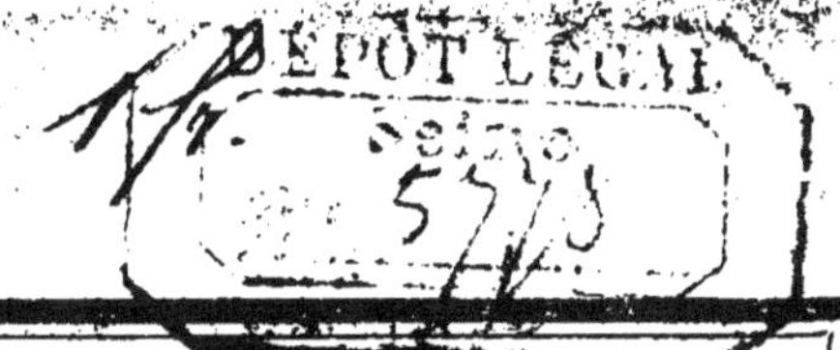

TRAITÉ D'ESCRIME

POINTE

PAR

MILLOTTE, lieutenant au 89ᵉ régiment de ligne.

PARIS,

LIBRAIRIE MILITAIRE.

J. DUMAINE, LIBRAIRE-ÉDITEUR DE L'EMPEREUR,

RUE ET PASSAGE DAUPHINE, 30.

1864

TRAITÉ D'ESCRIME

POINTE

Imprimerie de COSSE et J. DUMAINE, rue Christine, 2.

TRAITÉ D'ESCRIME

POINTE

PAR

MILLOTTE, lieutenant au 89ᵉ régiment de ligne.

PARIS,

LIBRAIRIE MILITAIRE.

J. DUMAINE, LIBRAIRE-ÉDITEUR DE L'EMPEREUR,

RUE ET PASSAGE DAUPHINE, 30.

1864

AVANT-PROPOS.

La pointe est un enseignement dont la
difficulté est assez évidente pour ne pas
permettre à tout le monde de s'en occuper
sérieusement ; mais ce qui m'étonne beau-
coup, c'est de voir même des militaires pous-
ser l'indifférence jusqu'à ridiculiser cet art ;
cependant si l'on réfléchissait bien aux avan-
tages qu'il offre à l'infanterie à cause de son
rapport avec le maniement de la baïonnette,
on chercherait, ce me semble, à l'encoura-
ger dans l'armée.

Les anciennes méthodes routinières dont
se servent les maîtres d'armes dans les
régiments n'ont aucune division, aucune
progression, aucune nomenclature ; de là la
difficulté d'enseignement et le peu de pro-
grès.

J'ai cherché, dans cette instruction de la
pointe, une division, une progression et une
nomenclature simples, combinées de ma-

nière à frapper l'intelligence des élèves et à exciter leur curiosité.

Toutes les méthodes d'escrime ont les mêmes règles et les mêmes principes; mais ceux qui se livrent à l'enseignement de cet art, souvent l'entendent mal, n'ont aucune progression suivie et découragent leurs élèves dès les premières leçons.

Les jeunes gens, dans les corps, qui aiment l'exercice des armes et qui désirent s'y livrer assidûment, sont généralement découragés de plusieurs manières : 1° Par la fatigue qu'ils éprouvent à la suite des premières leçons; 2° Par le changement de méthode que chaque maître ou chaque prévôt emploie dans son enseignement; 3° Par la conviction qu'il faut un temps infini pour vaincre les difficultés de cet art.

Les expériences auxquelles je me suis livré dernièrement avec quelques hommes de ma compagnie m'ont convaincu de la possibilité de faire disparaître complétement ces inconvénients. Les exercices préparatoires sans arme indiqués dans la première partie de mon traité, habituent les élèves à prendre la position de la garde et du déploiement sans la moindre fatigue. Les exercices pratiques, classés par leçons dans la 3ᵉ partie, offrent une progression simple et uniforme pour tous les maîtres et prévôts qui voudraient adopter ma méthode ;

*et l'enseignement mutuel, ainsi que le travail
à la muette*, recommandés d'une manière
toute particulière, développent l'imagination d'une façon si surprenante que chacun
de mes élèves prenait et donnait leçon d'une
manière régulière et à peu près convenable
après deux mois d'exercices.

Je sais d'avance qu'aucun maître d'armes
ne sera partisan de ce système, parce que
chacun d'eux a sa vieille routine qu'il lui
est difficile, sinon impossible, de changer ;
mais je déclare avec la plus sincère conviction que celui qui voudrait mettre en pratique et bien appliquer ce système obtien-
drait des résultats rapides et satisfaisants.

En conséquence, j'affirme qu'on peut sur-
monter les difficultés de cet art en suivant
exactement les règles et les principes de ma
méthode et en y apportant du courage et
de la persévérance. J'ajoute qu'après quelques mois de pratique les élèves jouiront de
l'agrément de ce noble exercice qui affer-
mit l'homme, donne un nouveau degré à
son courage, lui inspire une noble fierté, et
lui place dans la main les moyens de corri-
ger le faux brave et défendre avec succès sa
patrie et son souverain.

En rédigeant ce petit traité, mon but n'a
été que de me distraire ; mais si l'autorité
y découvre quelque chose d'utile à l'armée,
je suis prêt à faire le sacrifice de mon temps

pour prouver que mes arguments sont fondés et pour introduire le goût des armes dans l'esprit de tous ceux qui voudront bien penser que mon expérience peut leur être de quelque utilité.

Paris, le 15 décembre 1863.

C. MILLOTTE,

Lieutenant au 89e de ligne.

TRAITÉ D'ESCRIME.

DIVISION DE L'ESCRIME.

L'escrime sera divisée en quatre parties, ainsi qu'il suit :

1re PARTIE. Exercices préparatoires sans arme.

2e PARTIE. Définition de l'épée, du plan de l'escrime et des différentes lignes comprises dans ce plan.

3e PARTIE. Définition des bottes et parades. Exercices pratiques classés par leçons, comprenant l'attaque dans toutes les lignes et la défense avec toutes les parades et les ripostes.

4e PARTIE. Assaut.

La première partie, qui contient les exercices préparatoires sans arme, a pour but d'amener les élèves à prendre toutes les positions sans fatigue et donne les bases d'une instruction prompte, méthodique et uniforme.

La deuxième partie développe l'imagination de l'homme, en lui détaillant son arme et en lui faisant connaître certaines définitions essentielles que les maîtres leur laissent ignorer.

La troisième partie comprend les exercices pratiques l'épée à la main et donne une nomenclature de coups et de parades classés d'une manière simple et de façon à faciliter l'enseignement mutuel.

La 4e partie, comprenant l'assaut, contient des observations générales sur la manière de faire assaut, et donne des indications faciles pour toucher son adversaire et pour se défendre avec avantage dans les situations difficiles.

Chaque partie est suivie d'observations particulières dictées par l'expérience, et qui méritent l'attention des maîtres et des élèves.

Ire PARTIE.

EXERCICES PRÉPARATOIRES SANS ARME.

Position sans arme.

1. Les pieds placés en équerre, le talon droit
vis-à-vis et contre le talon gauche, les genoux
tendus sans roideur, le corps d'aplomb sur les
hanches, les épaules bien effacées, les bras pen-
dants naturellement, les coudes près du corps sans
les serrer, la tête tournée à droite et légèrement
inclinée en arrière.

Pour faire prendre cette position, le maître
commandera :

EN POSITION.

Mouvement du bras droit.

2. Elever la main droite en fermant la saignée
du bras, le pouce en dessus et à hauteur du teton droit, le coude quittant à peine le corps, les
ongles sur le côté.

Exercices du doigté.

3. Faire exécuter au pouce des mouvements d'opposition à droite et à gauche, sans bouger les autres droits, pour simuler les oppositions.

Faire allonger ensuite le premier doigt et lui faire décrire de petits arcs de cercle à droite et à gauche, pour simuler les contres.

Mouvements du bras gauche et de la jambe droite.

4. Elever la main gauche en arrondissant bien le bras, de manière qu'elle dépasse de quatre pouces le sommet de la tête et qu'elle se trouve sur la même ligne que les épaules ; porter en même temps le pied droit à environ cinquante centimètres du talon gauche, en faisant glisser le talon sur la planche, fléchir en même temps sur les genoux.

Position de la garde.

5. La garde est une position avantageuse que prend un tireur, soit pour attaquer, soit pour se défendre. On est en garde après avoir pris la position indiquée ci-devant, n° 4.

Il y a deux sortes de garde : la garde de quarto et la garde de tierce.

EXERCICES EN DÉCOMPOSANT.

6. Chaque maître pourra exercer huit hommes à la fois ; il placera ses hommes sur un rang, à un pas de distance, et les numérotera de la droite à la gauche.

Il commandera ensuite :

EN POSITION.

Les élèves s'aligneront et prendront la position indiquée au n° 1.

Le maître commandera ensuite :

EN GARDE.

7. Les élèves prendront la position de la garde en réunissant les deux mouvements indiqués aux n°s 2 et 4.

---

8. Les élèves étant en garde, le maître leur fera exécuter les mouvements suivants par les commandements ci-après :

RENTREZ LE POIGNET.

9. Présenter les ongles en dessus en tournant le poignet pour ouvrir la ligne.

ALLONGEZ LE BRAS.

10. Allonger le bras droit de toute sa longueur, le poignet bien élevé.

DÉPLOYEZ.

11. Laisser tomber la main gauche le long de la cuisse gauche, tendre brusquement le jarret gauche, porter le pied droit en avant la longueur d'un pied environ, et prendre la position indiquée ci-après.

Position du déploiement.

12. Le jarret gauche bien tendu, la cuisse droite presque horizontale, la jambe droite verticale, la main gauche ouverte et à quatre pouces de la cuisse gauche, la main droite élevée et opposée du côté de l'engagement, le haut du corps droit, les épaules bien effacées, la tête haute et tournée à droite.

Après avoir vérifié et rectifié la position, le maître commandera :

En garde.

13. Les élèves se relèveront sans secousse et sans mouvement dans le haut du corps et reprendront la position de la garde.

EXERCICES SANS DÉCOMPOSER.

14. Lorsque les élèves exécuteront bien les trois mouvements du déploiement en décomposant, le maître leur fera réunir d'abord les deux premiers, ensuite les trois mouvements.

15. Pour réunir les deux premiers mouvements, le maître commandera :

ALLONGEZ LE BRAS.

Les élèves rentreront le poignet et allongeront le bras.

DÉPLOYEZ.

Déployer comme il est indiqué au n° 11.

EN GARDE.

Reprendre la garde comme ci-dessus, n° 13.

---

16. Lorsque les élèves réuniront bien les deux premiers mouvements, le maître leur fera exécuter le déploiement en un seul mouvement par le commandement ci-après :

DÉPLOYEZ.

Rentrer le poignet en allongeant le bras et déployer.

EN GARDE.

Reprendre vivement la position de la garde.

17. Le maître recommandera aux élèves de marquer un léger temps d'arrêt après avoir allongé le bras, avant de déployer.

Marcher et rompre.

Pour faire marcher à l'épée, le maître commandera :

MARCHEZ.

18. Les élèves partiront du pied droit d'abord et du pied gauche ensuite, en ayant soin de maintenir la distance de cinquante centimètres entre les talons et les bras en position.

Lorsque le maître voudra faire rompre, il commandera :

ROMPEZ.

19. Les élèves rompront du pied gauche d'abord et du pied droit ensuite, en ayant soin de maintenir la distance de cinquante centimètres entre les talons et les bras en position.

Remise de main.

20. La remise de main est un mouvement qui

consiste à faire une retraite de corps quand on a manqué son premier coup, en se repliant sur la jambe droite tout en restant fendu, élevant la pointe du pied droit pour simuler la remise en garde, allonger ensuite vivement le bras droit et tendre le jarret gauche pour frapper l'adversaire avant qu'il ait eu le temps de riposter.

Le maître commandera :

REMISEZ ;
EN GARDE.

Reprise.

21. La reprise est une deuxième attaque, vive et immédiate, lorsqu'on a manqué sa première attaque et que l'on a évité la rispote de l'adversaire par une opposition. Elle diffère de la remise par la reprise de la garde.

Le maître commandera :

REPRENEZ ;
EN GARDE.

Riposte.

22. Riposter, c'est tirer le coup droit sur son adversaire, de pied ferme ou d'allonge, après avoir évité son fer par une opposition.

Le maître commandera :

RIPOSTEZ ;
EN GARDE.

2.

Contre et riposter.

23. Décrire un petit arc de cercle de droite à gauche dans l'engagement de quarte, et de gauche à droite dans l'engagement de tierce, et tirer ensuite le coup droit.

Le maître commandera :

CONTRE DE QUARTE RIPOSTEZ ;
EN GARDE,
ou CONTRE DE TIERCE RIPOSTEZ ;
EN GARDE.

Dégager.

24. Changer de ligne en faisant le simulacre de passer la pointe de l'épée sous la lame de l'adversaire, tirer ensuite le coup droit avec opposition du côté du nouvel engagement.

Le maître commandera :

EN TIERCE DÉGAGEZ ;
EN GARDE ;
EN QUARTE DÉGAGEZ ;
EN GARDE.

Rassembler en avant.

25. Faire un appel du pied en frappant la planche avec la pointe du pied droit sans bouger le talon ; se relever en apportant le talon gauche contre le talon droit, laisser tomber la main gauche le long de la cuisse gauche, élever la main droite, le bras bien tendu et presque vertical.

Le maître commandera :

EN AVANT RASSEMBLEZ.

Rassembler en arrière.

26. On rassemblera en arrière d'après les mêmes principes qu'en avant, avec cette différence que ce sera le talon droit qui ira rejoindre le talon gauche.

Le maître commandera :

EN ARRIÈRE RASSEMBLEZ.

Salut final.

27. Après avoir rassemblé en avant ou en arrière, le maître commandera :

SALUEZ.

Ce salut se compose des trois mouvements indiqués ci-après :

1er mouvement.

Saluer en quarte en portant la main droite à gauche, le bras presque tendu, la main tournée de quarte et à hauteur du visage.

2ᵉ mouvement.

Saluer en tierce en portant la main droite à droite, le bras bien allongé, la main tournée de tierce et à hauteur du visage.

3ᵉ mouvement.

Apporter la main droite vis-à-vis l'œil droit, les ongles en dedans (l'épée verticale), saluer devant soi en abaissant vivement la main le long de la cuisse droite, la main tournée de tierce.

Quand on a l'épée à la main, la pointe doit se trouver à quatre pouces de la planche.

---

28. Le salut étant terminé, le maître commandera :

Repos.

---

29. Lorsque les élèves sauront bien exécuter les mouvements qui précèdent sans décomposer, le maître leur fera faire l'exercice suivant.

Il commandera :

	En position.	
	Ligne de quarte	En garde.
	En quarte déployez. . . .	En garde.
LIGNE	*En quarte déployez et remisez.*	En garde.
DE	*En quarte déployez et reprenez*	En garde.
QUARTE.	*En quarte ripostez.* . . .	En garde.
	Contre de quarte ripostez.	En garde.
	En tierce dégagez	En garde.

Les élèves se couvriront aussitôt dans la ligne de tierce.

<table>
<tr><td rowspan="10">**LIGNE
DE
TIERCE.**</td><td>*En tierce déployez . . . .*</td><td>En garde.</td></tr>
<tr><td>*En tierce déployez et re-
misez. . . . .*</td><td>En garde.</td></tr>
<tr><td>*En tierce déployez et re-
prenez . . . .*</td><td>En garde.</td></tr>
<tr><td>*En tierce ripostez . . . .*</td><td>En garde.</td></tr>
<tr><td>*Contre de tierce ripostez.*</td><td>En garde.</td></tr>
<tr><td>*En quarte dégagez. . . .*</td><td>En garde.</td></tr>
<tr><td>*En arrière rassemblez . .*</td><td></td></tr>
<tr><td>*Saluez.*</td><td></td></tr>
<tr><td>*Repos.*</td><td></td></tr>
</table>

---

30. Le maître fera ensuite exécuter tous ces mouvements en les faisant précéder des commandements *Marchez* et *Rompez.*

31. Lorsque les élèves exécuteront bien tous ces mouvements en marchant et en rompant, le maître les préviendra qu'ils reprendront la garde d'eux-mêmes après chaque mouvement et sans commandement.

EXEMPLES :

Marchez, en quarte déployez.
Rompez, en tierce ripostez.
Marchez, en quarte dégagez.
Rompez, contre de tierce ripostez.
*Marchez, rompez, en tierce déployez et re-
misez, etc., etc.*

OBSERVATIONS.

32. Il faut éviter de fatiguer les élèves en commençant, afin de ne pas les décourager.

33. S'attacher d'une manière toute particulière à la régularité de la position de la garde et du déploiement, surtout dans les commencements.

34. Pour bien rectifier l'une ou l'autre de ces deux positions, le maître se place derrière l'élève, lui met la main droite sous le menton afin de maintenir l'inclinaison de la tête, lui place la main gauche sur la hanche gauche pour faire subir à la partie supérieure du corps la même rectification que la tête.

35. Faire remarquer aux élèves qu'en ayant le haut du corps et la tête légèrement en arrière, on évite *le carrement*, et qu'on débarrasse plus aisément la jambe droite au moment du départ.

36. Faire observer qu'en glissant sur le talon droit dans la mise en garde, le pied droit se dirige naturellement sur l'alignement du talon gauche.

37. Empêcher les élèves de trop se fendre dans les commencements, afin d'éviter les inconvénients ci-après :

1° Ils se fatigueraient inutilement ;

2° La jambe droite entraînerait le haut du corps et le ferait *carrer* ;

3° L'homme serait forcé de se baisser afin de prendre un élan pour se relever.

38. On amènera progressivement les hommes à une fente de 1 mètre 16 centimètres (3 pieds 1/2).

39. Exiger que la remise en garde se fasse sans

perte de temps, la main haute et couvrant bien la ligne d'engagement.

40. Recommander aux élèves de bien couvrir la ligne d'engagement dès la mise en garde, et leur faire voir que lorsqu'on n'est pas couvert d'un côté on est découvert des deux.

41. Chaque séance pour huit hommes durera dix minutes seulement. Pendant que huit hommes travailleront sous la direction du maître, les autres se reposeront et s'exerceront d'eux-mêmes à la flexion des jambes.

42. Le maître ne fera passer ses élèves aux exercices pratiques de la 3e partie que lorsqu'ils seront bien affermis dans la position des divers mouvements de la première et lorsque toute fatigue des jambes et du corps aura disparu.

IIe PARTIE.

DÉFINITIONS DE L'ÉPÉE, DU PLAN DE L'ESCRIME ET DES LIGNES COMPRISES DANS CE PLAN.

ÉPÉE.

43. L'épée de salle, ou fleuret, est une arme qui sert aux exercices de l'escrime lorsque la pointe est mouchetée, et pour le duel lorsqu'elle est démouchetée.

41. Elle comprend deux parties distinctes qui sont : la *monture* et la *lame*.

Monture.

45. La monture se divise en trois pièces qui sont : le pommeau, la fusée et la lunette.

46. Le pommeau est un morceau de fer ou de cuivre qui donne du poids à la poignée et sur lequel est rivée la soie.

47. La fusée est un morceau de bois dans lequel on introduit la soie, et qui, par sa forme et sa position, sert de poignée à l'épée.

48. La lunette est une pièce de fer ou de cuivre formant deux anneaux, placés en avant de la fusée pour assujettir la monture et pour servir de garde à l'épée.

Lame.

49. La lame de l'épée comprend trois parties qui sont : le fort, le mi-fort et le faible.

50. Le fort est la partie quadrangulaire qui se trouve rapprochée de la monture.

51. Le mi-fort est la partie qui commence à devenir flexible et qui se prolonge jusqu'à onze centimètres de la pointe.

52. Le faible comprend la pointe de l'épée et une longueur de lame de onze centimètres.

53. Il existe une quatrième partie dans la lame démontée, c'est celle qui s'introduit dans les pièces de la monture et qui est rivée au pommeau pour assujettir solidement ces pièces entre elles et à la lame. On l'appelle : *la soie*.

Plan de l'escrime.

54. Le plan de l'escrime est une surface rectangulaire qui repose sur le côté droit de la poitrine du tireur que l'on a en face, et qui renferme les différentes lignes d'engagement.

Le teton droit est le centre du plan de l'escrime Géométriquement parlant, les mots *plan d'escrime et lignes comprises dans ce plan* sont de fausses dénominations ; mais je conserve ces mots pour ne rien changer aux usages et aux expressions des vieux praticiens.

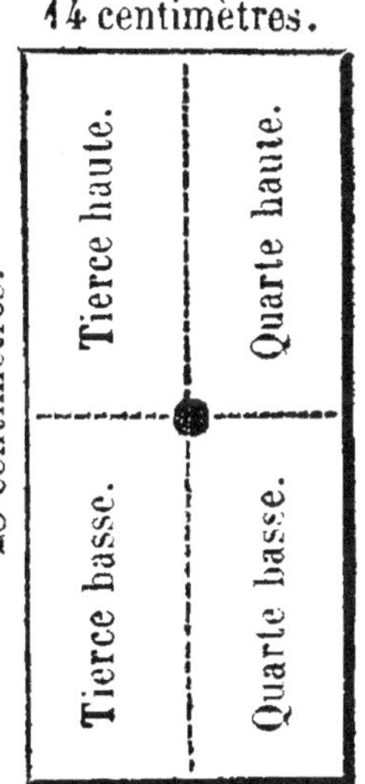

55. Le rectangle ci-dessus, pris sur la poitrine d'un homme d'une taille ordinaire , représente à peu près les dimensions et la figure du plan de l'escrime et des quatre lignes comprises dans ce plan.

Lignes comprises dans le plan de l'escrime.

56. Les lignes comprises dans le plan de l'escrime, par rapport aux bottes qui y sont dirigées, sont au nombre de quatre, ainsi que l'indique la figure qui précède, savoir :

La quarte haute.
La quarte basse.
La tierce haute.
La tierce basse.

57. La quarte haute occupe toute la partie supérieure droite du plan de l'escrime.

3.

58. La quarte basse occupe la partie inférieure droite.

59. La tierce haute occupe la partie supérieure gauche.

60. La tierce basse occupe la partie inférieure gauche.

---

61. Dans l'engagement des armes et pour ne pas multiplier les difficultés de la position de la garde, on ne parlera que de deux lignes : quarte et tierce, et on démontrera aux élèves que :

62. On est engagé dans la ligne de quarte quand on a le fer de son adversaire à la gauche du sien, de quelque manière que la main soit tournée.

63. On est engagé dans la ligne de tierce quand on a le fer de son adversaire à la droite du sien, de quelque manière que la main soit tournée.

---

64. Il ne faut pas confondre l'engagement de tierce ou de quarte avec la position de la main tournée de quarte ou de tierce.

65. La main est tournée de quarte quand les ongles sont en dessus.

66. La main est tournée de tierce quand les ongles sont en dessous.

67. La main est tournée de prime quand les ongles sont en avant et le pouce en dessous.

---

68. C'est la ligne dans laquelle on attaque ou

on pare qui transmet son nom à l'attaque ou à la parade pour ce qui concerne tierce et quarte; mais les parades de prime, quinte, octave et demi-cercle n'entraînent aucune dénomination de ligne, puisqu'elles sont prises, ainsi qu'on le verra dans la 3e partie, en raison de la direction de la pointe de l'adversaire.

OBSERVATIONS.

69. Cette partie de l'escrime, étant tout à fait théorique, sera démontrée aux élèves pendant les repos. Cette théorie leur sera lue très-lentement, afin de les intéresser en maintenant leur attention par des explications claires et simples et par une accentuation bien nette et bien prononcée.

70. On tracera le plan de l'escrime sur la poitrine d'un homme, pour bien en faire comprendre la définition aux élèves.

71. On leur fera apprendre de mémoire les quatre lignes comprises dans le plan de l'escrime, les six bottes dirigées dans ce plan, ainsi que les six parades simples à employer pour détourner le fer de l'adversaire.

72. Le maître se servira d'un fleuret pour toutes ces démonstrations et joindra aux explications données ci-dessus toutes celles qui lui paraîtront de nature à fixer l'attention des élèves, à exciter leur curiosité et à développer leur intelligence.

III PARTIE.

DÉFINITIONS DES BOTTES ET PARADES.—EXER-
CICES PRATIQUES CLASSÉS PAR LEÇONS, COM-
PRENANT L'ATTAQUE DANS TOUTES LES LIGNES
ET LA DÉFENSE AVEC TOUTES LES PARADES.

Botte.

73. La botte est le dernier mouvement du coup
tiré, réussi ou non.

74. On compte en escrime six bottes, qui sont :

    1° *Le coup droit.*
    2° *Le dégagement.*
    3° *Le coupé.*
    4° *Le tour d'épée.*
    5° *La seconde.*
    6° *Le liement et demi-liement.*

75. On les appelle bottes parce que tous ces coups
arrivent au corps sans préparation et en un seul
mouvement.

Parade.

76. La parade est un mouvement d'épée qui empêche le fer de l'adversaire d'arriver au corps.

Les principales parades simples sont au nombre de six, savoir :

    1° *La prime.*
    2° *La tierce.*
    3° *La quarte.*
    4° *La quinte.*
    5° *L'octave.*
    6° *Le demi-cercle.*

---

77. Chacune de ces parades a son contre que l'on désigne par :

    Contre de prime.
    Contre de tierce.
    Contre de quarte.
    Contre de quinte.
    Contre d'octave.
    Contre de demi-cercle.

Contre.

78. On appelle contre un mouvement qui consiste à changer de ligne en joignant le fer de l'adversaire par une opposition lorsqu'il vous attaque par le coup droit, le dégagement ou plusieurs feintes.

---

79. La troisième partie de l'escrime est divisée en douze leçons, dont six pour l'attaque et six pour la défense.

Attaque.

1re LEÇON. 1re BOTTE. *Le coup droit dans les deux lignes.*

2e — 2e — *Le dégagement dans les deux lignes.*

3e — 3e — *Le coupé dans les deux lignes.*

4e — 4e — *Le tour d'épée dans les deux lignes.*

5e — 5e — *La seconde dans les deux lignes.*

6e — 6e — *Le liement et demi-liement dans les deux lignes.*

Défense.

7e LEÇON. *Parades de la 1re botte avec riposte de pied ferme ou d'allonge.*

8e — *Parades de la 2e botte idem.*

9e — *Parades de la 3e botte idem.*

10e — *Parades de la 4e botte idem.*

11e — *Parades de la 5e botte idem.*

12e — *Parades de la 6e botte idem.*

SALUT DE LA MISE EN GARDE.

80. L'élève ayant l'épée, la fusée dans la main droite, le pouce en dessus, les ongles des autres doigts sur le côté, la pointe de l'épée à quatre pouces de terre et dans la position indiquée au n° 1 de la première partie, le maître lui fera exécuter le salut de la mise en garde de la manière suivante :

1er *Mouvement.* — Elever l'arme presque verticalement, la pointe en l'air, le bras droit allongé de toute sa longueur.

2e *Mouvement.* — Abaisser l'arme devant soi, la lame à quatre pouces de terre, la main tournée de quarte.

3e *Mouvement.* — Passer l'arme devant soi la pointe à gauche et placer la lame sous les doigts de la main gauche, qui sera arrondie et les ongles en dessous.

4e *Mouvement.* — Elever l'arme avec les deux mains au-dessus de la tête, les deux bras bien allongés.

5e *Mouvement.* — Descendre la main droite à hauteur du teton droit dans la position indiquée au n° 2 de la première partie, la pointe de l'épée à hauteur de l'œil de l'adversaire.

6e *Mouvement.* — Ployer sur les deux jambes, prendre la position de la garde en portant le pied droit à environ cinquante centimètres de l'autre, suivant la taille de l'homme, la pointe de l'épée restant bien à hauteur de l'œil de l'adversaire.

Pour faire exécuter ce salut, le maître commandera :

E**N GARDE**.

---

81. Le maître fera répéter avec l'arme tous les mouvements de la première partie, en plaçant les hommes de la manière qui y est indiquée.

DÉFINITIONS DES BOTTES.

Coup droit en quarte.

82. L'épée engagée dans la ligne de quarte, rentrer le poignet pour s'ouvrir la ligne, allonger le bras et partir à toute volée dans le haut de la ligne de quarte, avec élévation de la main et opposition à gauche.

Coup droit en tierce.

83. L'épée engagée dans la ligne de tierce, rentrer le poignet pour s'ouvrir la ligne, allonger le bras et partir à toute volée dans la tierce haute, avec élévation de la main et opposition à droite.

Dégagement en quarte.

84. L'épée engagée dans la ligne de tierce, laisser tomber verticalement la pointe pour changer de ligne, la relever en allongeant le bras et partir à toute volée dans le haut de la ligne de quarte avec élévation de la main et opposition à gauche.

Dégagement en tierce.

85. Mêmes principes et positions inverses que pour le dégagement en quarte.

Coupé en quarte.

86. L'épée engagée dans la ligne de tierce, relever la pointe en glissant le long de la lame de l'adversaire, changer vivement de ligne en dégageant par-dessus sa pointe, allonger le bras et partir à toute volée dans le haut de la ligne de quarte, avec élévation de la main et opposition à gauche.

Coupé en tierce.

87. Mêmes principes et positions inverses que pour le coupé en quarte.

Tour d'épée en quarte.

88. L'épée étant engagée dans la ligne de quarte, relever la pointe en glissant le long de la lame de l'adversaire, faire passer l'épée par-dessus sa pointe et par-dessous sa lame sans interruption, allonger le bras et partir à toute volée dans le haut de la ligne de quarte, avec élévation de la main et opposition à gauche.

Tour d'épée en tierce.

89. Mêmes principes et positions inverses que pour le tour d'épée en quarte.

Seconde en quarte.

90. L'épée engagée dans la ligne de quarte, lever rapidement la pointe, la faire passer le long et près du corps, sans interruption, allonger le bras, la main tournée de prime et partir dans la quarte basse avec élévation de la main et opposition à gauche.

Seconde en tierce.

91. L'épée engagée dans la ligne de tierce, glisser le long de la lame de l'adversaire, laisser tomber la pointe sous son bras en allongeant le

bras, la main tournée de tierce, et partir dans la tierce basse avec élévation de la main et opposition à droite.

Liement en quarte.

92. L'épée engagée dans la ligne de quarte, lorsque l'adversaire allonge le bras, tourner la main de tierce, élever le poignet pour saisir le faible de son épée avec le fort de la vôtre, faire un tour d'épée en entraînant sa lame par une pression continuelle, allonger progressivement le bras et partir dans le haut de la ligne de quarte, avec élévation de la main et opposition à gauche.

Liement en tierce.

93. Mêmes principes et positions inverses que pour le liement en quarte.

Demi-liement en quarte.

94. L'épée engagée dans la ligne de quarte, lorsque l'adversaire allonge le bras, élever le poignet pour saisir le faible de son épée avec le fort de la vôtre, faire un demi-tour d'épée en glissant votre lame sur la sienne, allonger le bras et partir dans la tierce basse en appuyant sur sa lame avec opposition à droite.

Demi-liement en tierce.

95. Mêmes principes et positions inverses que pour le demi-liement en quarte.

DÉFINITIONS DES PARADES.

La prime.

96. L'adversaire dégageant dans le haut d'une des deux lignes, porter vivement le poignet sur le front, au-dessus de l'œil gauche, la main tournée de prime, l'épée oblique, la pointe plus basse que le poignet et opposée à gauche.

La tierce.

97. L'adversaire dégageant dans la tierce haute, frapper le faible de son épée avec le fort de la vôtre, la pointe ne s'écartant pas du plan de l'escrime, la main tournée de tierce ou de quarte.

La quarte.

98. L'adversaire dégageant dans la quarte haute, frapper le faible de son épée avec le fort

de la vôtre, la pointe ne s'écartant pas du plan de l'escrime, la main tournée de quarte.

La quinte.

99. L'adversaire tirant dans la tierce basse, frapper le faible de son épée avec le fort de la vôtre pour la maîtriser, la main tournée de tierce, à hauteur du teton droit, la pointe plus basse que le poignet.

L'octave.

100. Même parade que la quinte, à l'exception que la main est tournée de quarte au lieu d'être tournée de tierce.

Le demi-cercle.

101. L'adversaire tirant dans la quarte basse, frapper le faible de son épée avec le fort de la vôtre pour la maîtriser, la main tournée de quarte à hauteur du teton gauche, le bras presque allongé, la pointe plus basse que le poignet.

---

102. Après toutes ces parades, la riposte a lieu immédiatement après en allongeant vivement le bras.

ATTAQUE.

1ʳᵉ LEÇON.   1ʳᵉ BOTTE.

Le coup droit dans les deux lignes.

Le maître étant en face de son élève, commande :

Ligne de quarte (ou de tierce). . . . . *En garde.*
Déployez . . . . *En garde.*
Déployez et remisez. . . . . *En garde.*
Déployez et reprenez.. . . . . *En garde.*
Ripostez.. . . . . *En garde.*
Contre et ripostez . . . . *En garde.*

Pour faire déployer, le maître ouvre la ligne d'engagement. Pour faire remiser, il évite le coup droit par une opposition. Pour faire reprendre, il simule la riposte. Pour faire riposter, il allonge le bras. Pour faire contre et riposter, il fait un changement de ligne en allongeant le bras.

ATTAQUE.

2ᵉ LEÇON.   **• BOTTE.**

Le dégagement dans les deux lignes.

Le maître étant en face de son élève, commande :

Ligne de quarte (ou de tierce).. . . . . *En garde.*
Dégagez.. . . . . *En garde.*
Une, deux.. *En garde.*
Une, deux, trois. . . . . *En garde.*
Doublez l'épée.. . . . . *En garde.*
Doublez, dégagez. . . . . *En garde.*
Doublez, une, deux. . . . . *En garde.*
Une, deux, trompez le contre. . . . . *En garde.*

Pour faire dégager, le maître presse la lame de l'élève. Pour les autres mouvements, il fait des oppositions et prend des contres selon le mouvement.

ATTAQUE.

3ᵉ LEÇON.   **3ᵉ BOTTE.**

Le coupé dans les deux lignes.

Le maître étant en face de son élève, commande :

Ligne de quarte (ou de tierce). . . . . *En garde.*
Coupez. . . . . *En garde.*
Coupez, dégagez. . . . . *En garde.*
Coupez, une, deux. . . . . *En garde.*
Coupez, doublez l'épée . . . . *En garde.*
Coupez, doublez, dégagez. . . . . *En garde.*
Coupez, une, deux, trompez le contre. . . . . . *En garde.*

Pour faire couper, le maître baisse le poignet en élevant la pointe. Pour les autres mouvements, il fait des oppositions et prend des contres selon le mouvement.

ATTAQUE.

4ᵉ LEÇON.   4ᵉ BOTTE.

Le tour d'épée dans les deux lignes.

Le maître étant en face de son élève, commande :

Ligne de quarte (ou de tierce).. . . . . *En garde.*
Tour d'épée. *En garde.*
Tour d'épée, dégagez . . . . *En garde.*
Tour d'épée, une, deux. . . . . *En garde.*
Tour d'épée, doublez l'épée . . . . *En garde.*
Tour d'épée, doublez, dégagez. . . . . *En garde.*
Tour d'épée, une, deux, trompez le contre. . . *En garde.*

Pour faire faire le tour d'épée, le maître allonge le bras en baissant légèrement la pointe et le poignet. Pour tous les autres mouvements, il fait des oppositions et prend des contres selon le mouvement.

ATTAQUE.

5ᵉ LEÇON.   5ᵉ BOTTE.

La seconde dans les deux lignes.

Le maître étant en face de son élève, commande :

Ligne de quarte (ou de tierce) . . . . *En garde.*
Seconde . . . . *En garde.*
Seconde, dégagez . . . . *En garde.*
Seconde, une, deux . . . . *En garde.*
Seconde, doublez l'épée . . . . *En garde.*
Seconde, doublez, dégagez . . . . *En garde.*
Seconde, une, deux, trompez le contre . . . . *En garde,*

Pour faire tirer le coup de seconde, le maître élève légèrement le poignet. Pour les autres mouvements, il fait des oppositions et prend des contres selon le mouvement.

ATTAQUE.

6ᵉ LEÇON.   6ᵉ BOTTE.

Le liement et demi-liement dans les deux lignes.

Le maître étant en face de son élève, commande :

Ligne de quarte (ou de tierce)............ *En garde.*
Liez l'épée............................. *En garde.*
Liez, dégagez.......................... *En garde.*
Liez, une, deux........................ *En garde.*
Liez, doublez l'épée................... *En garde.*
Liez, doublez, dégagez .... *En garde.*
Liez, une, deux, trompez le contre........ *En garde.*
Demi-liement.......................... *En garde.*
Demi-liement, dégagez................. *En garde.*
Demi-liement, doublez l'épée.......... *En garde.*

Pour faire lier l'épée, le maître allonge le bras en tenant son épée roide, la pointe en face de l'adversaire. Même observation pour le demi-liement. Pour les autres mouvements, il fait des oppositions et prend des contres selon le mouvement.

DÉFENSE.

7ᵉ LEÇON.   PARADES.

Parades de la 1ʳᵉ botte avec riposte de pied ferme ou d'allonge.

Le maître étant en face de son élève, commande :

Ligne de quarte (ou de tierce)............ *En garde.*
Déployez, opposez quarte . . . . *Ripostez.*
Déployez, opposez tierce . . . . *Ripostez.*
Déployez, opposez quarte et tierce. . . . . *Ripostez.*
Déployez, opposez tierce et quarte. . . . . . . *Ripostez.*
Déployez, opposez quarte, contre de quarte. . . *Ripostez.*
Déployez, opposez tierce, contre de tierce. . . . *Ripostez.*
Déployez, opposez quarte, tierce, contre de tierce. *Ripostez.*
Déployez, opposez tierce, quarte, contre de quarte. *Ripostez.*
Déployez, opposez quarte et contre, tierce et contre. *Ripostez.*
Déployez, opposez tierce et contre, quarte et contre. *Ripostez.*

Dans tous ces mouvements, le maître attaque l'élève (à sa remise en garde) par le coup droit, le dégagement, ou une, deux, selon le mouvement.

DÉFENSE.

8ᵉ LEÇON.   PARADES.

Parades de la 2ᵉ botte avec riposte de pied ferme ou d'allonge.

Le maître étant en face de son élève, commande :

Ligne de quarte (ou de tierce). . . . . *En garde.*
Déployez, parez tierce, ripostez.
Déployez, parez tierce, dégagez.
Déployez, parez tierce, une, deux.
Déployez, parez tierce, une, deux, trois.
Déployez, parez tierce, doublez l'épée.
Déployez, parez tierce, doublez, dégagez.
Déployez, parez tierce, une, deux, trompez le contre.

Mêmes mouvements dans l'autre ligne.

Pour ces mouvements, le maître attaque l'élève à sa remise en garde par le dégagement des oppositions et des contres selon le mouvement.

DÉFENSE.

9ᵉ LEÇON.   PARADES.

Parades de la 3ᵉ botte avec riposte de pied ferme ou d'allonge.

Le maître étant en face de son élève, commande :

Ligne de quarte (ou de tierce). . . . . *En garde.*
Déployez, parez tierce. . . . . *Ripostez.*
Déployez, parez quarte . . . . *Ripostez.*
Déployez, parez tierce et qnarte. . . . . *Ripostez.*
Déployez, parez quarte et tierce. . . . . *Ripostez.*
Déployez, parez tierce, contre de tierce. . . . . *Ripostez.*
Déployez, parez quarte. contre de quarte. . . . . *Ripostez.*
Déployez, parez tierce, quarte, contre de quarte. *Ripostez.*
Déployez, parez quarte, tierce, contre de tierce. . *Ripostez.*
Déployez, parez tierce et contre, quarte et contre. *Ripostez.*
Déployez, parez quarte et contre, tierce et contre. *Ripostez.*

Pour ces mouvements, le maître attaque l'élève (à sa remise en garde) par le coupé, le dégagement des oppositions et des contres, selon le mouvement.

DÉFENSE.

Parades de la 4e botte avec riposte de pied ferme ou d'allonge.

Le maître étant en face de son élève, commande :

Ligne de quarte (ou de tierce). . . . . *En garde.*
Déployez, opposez quarte, ripostez.
Déployez, opposez quarte, dégagez.
Déployez, opposez quarte, une, deux.
Déployez, opposez quarte, une, deux, trois.
Déployez, opposez quarte, doublez l'épée.
Déployez, opposez quarte, doublez, dégagez.
Déployez, opposez quarte, une, deux, trompez le contre.

Mêmes mouvements dans l'autre ligne.

Pour ces mouvements, le maître attaque l'élève (à sa remise en garde) par le tour d'épée, des oppositions et des contres, selon le mouvement.

<table>
<tr><td>11ᵉ LEÇON.</td><td>**DÉFENSE.**</td><td>PARADES.</td></tr>
</table>

Parades de la 5ᵉ botte avec riposte de pied ferme ou d'allonge.

Le maître étant en face de son élève, commande :

Ligne de quarte (ou de tierce). . . . . *En garde*
Déployez, parez demi-cercle. . . . . *Riposte*z
Déployez, parez demi-cercle, contre de demi-
cercle.. . . . . *Riposlez.*
Déployez, parez octave . . . . *Riposlez.*
Déployez, parez octave, contre d'octave. . . . . *Riposlez.*
Déployez, parez demi-cercle, octave. . . . . . . *Riposlez.*
Déployez, parez demi-cercle, octave, contre d'oc-
tave. . . . . *Riposlez.*
Déployez, parez demi-cercle, octave, tierce. . . *Riposlez.*
Déployez, parez demi-cercle, octave, tierce, con-
tre de tierce.. . . . . *Riposlez.*
Déployez, parez demi-cercle, octave, tierce,
quarte. . . . . *Riposlez.*
Déployez, parez demi-cercle, octave, tierce,
quarte, contre de quarte. . . . . *Riposlez.*
Déployez, parez octave, demi-cercle.. . . . . . . *Riposlez.*
Déployez, parez octave, demi-cercle, contre de
demi-cercle. *Riposlez.*
Déployez, parez octave, demi-cercle, quarte. . . *Riposlez.*
Déployez, parez octave, demi-cercle, quarte, contre
de quatre.. *Riposlez.*
Déployez, parez octave, demi-cercle, quarte et
tierce . . . . *Riposlez.*
Déployez, parez octave, demi-cercle, quarte,
tierce, contre de tierce. . . . . *Riposlez.*
Déployez, parez octave et contre, demi-cercle et
contre, quarte et contre, tierce et contre . . . *Riposlez.*
Déployez, parez demi-cercle et contre, octave et
contre, tierce et contre, quarte et contre. . . *Riposlez.*

Pour ces mouvements, le maître attaque l'élève
(à sa remise en garde) par le coup de seconde, le
dégagement et des contres, selon le mouvement.

DÉFENSE.

12ᵉ LEÇON.   PARADES.

Parades de la 6ᵉ botte avec riposte de pied ferme ou d'allonge.

———

Le maître étant en face de son élève, commande :

Ligne de quarte (ou de tierce). . . . . *En garde.*
Déployez, opposez quarte. . . . . *Ripostez.*
Déployez, opposez tierce et quarte. . . . . . . *Ripostez.*
Déployez, opposez quarte et tierce. . . . . *Ripostez.*
Déployez, opposez quarte, tierce, contre de tierce. *Ripostez.*

Mêmes mouvements dans l'autre ligne.

Déployez, parez prime et ripostez.
Déployez, opposez octave et ripostez.
Déployez, opposez demi-cercle et ripostez
Déployez, opposez octave, dégagez.
Déployez, opposez demi-cercle, dégagez.

Pour ces mouvements, le maître attaque l'élève (à sa remise en garde) par le liement, le dégagement, des oppositions et des contres. Dans le haut des deux lignes, pour faire parer prime ; par le demi-liement, pour faire opposer octave et demi-cercle.

OBSERVATIONS.

103. Toutes les observations indiquées à la suite de la première partie seront rigoureusement observées dans la pratique de la troisième partie.

104. Les élèves se donneront la leçon *mutuellement* sous la surveillance du maître.

105. Les mouvements de l'élève donnant leçon doivent être serrés et ne jamais s'écarter du plan de l'escrime.

106. Lorsque les élèves connaîtront bien la progression des *six* premières leçons et que leurs mouvements seront bien assurés, ils exécuteront ces leçons *à la muette*. Cette méthode habitue les hommes à la sensation du fer et les dispose à partir sur tous les jours laissés par l'adversaire.

107. La progression suivie dans chacune des six premières leçons est d'une simplicité qui permettra aux élèves de la retenir après quelques leçons.

108. Les leçons de parades et de ripostes sont plus compliquées ; mais les élèves ne devant les aborder que lorsqu'ils connaîtront tout ce qui concerne l'attaque, ils se familiariseront promptement avec ces *six* dernières leçons, dont la progression est aussi simple que celle des autres.

109. Le maître ne permettra, en aucun cas, aux élèves de ferrailler entre eux ; lorsqu'il jugera à propos d'essayer leur vitesse et leur précision, il les fera plastronner avec un prévôt s'il ne peut le faire lui-même, afin de bien leur assurer la main et de les empêcher de s'écarter des vrais principes. Il les habituera surtout au sang-froid en leur faisant comprendre qu'il vaut mieux se laisser toucher dans les commencements que de contracter la mauvaise habitude de parer loin du corps.

110. Chaque fois qu'un élève se découvrira, le maître lui fera sentir sa faute par un léger coup de bouton.

111. On habituera les élèves à porter toutes les bottes avec la plus grande rapidité, mais seulement lorsqu'ils seront bien assurés dans les positions.

112. La riposte se fera également avec la plus grande vivacité, soit en restant de pied ferme, soit en déployant.

113. Les élèves qui ont assez d'intelligence peuvent travailler deux à deux les leçons à la muette, et s'habituer progressivement à porter les coups et à prendre les parades avec la précision désirable et la plus grande rapidité.

IVe PARTIE.

Assaut.

114. L'assaut est un jeu qui consiste à tirer parti des principes que l'on a reçus, en exécutant en face d'un adversaire, et de sa propre combinaison, les attaques, les parades et les ripostes.

115. L'assaut diffère du duel en ce qu'il est assujetti à une masse de règles auxquelles on n'est point obligé de se conformer l'épée nue à la main.

116. Dans le duel, tous les moyens d'attaque et de défense sont bons, excepté de tirer sur son adversaire après l'avoir désarmé, ou de lui arracher son épée en se servant de la main gauche.

117. Dans un assaut, les coups portés sur le masque, sur le bras, sur la jambe, etc., etc., en un mot, tous ceux qui touchent en dehors du plan de l'escrime, n'ont aucune valeur.

118. Dans le duel, le premier qui touche a raison, en quelque partie du corps que ce soit.

119. Dans l'assaut, on doit s'attacher à diriger tous les coups sur le plastron.

120. Lorsque les élèves sauront bien exécuter

tout ce qui est expliqué dans la troisième partie, le maître leur apprendra à tirer le mur avant de passer à l'assaut.

Le mur.

121. Le mur est un jeu qu'exécutent deux tireurs avant de faire assaut ; il renferme le *salut*, la *mesure* et toutes les *règles* des bons et gracieux principes.

---

122. Lorsque deux tireurs se disposent à faire assaut, ils se placent en face l'un de l'autre, le masque par terre, à cinquante centimètres de la pointe du pied gauche, l'épée dans la main droite à la position indiquée au n° 80 de la troisième partie, et tirent le mur de la manière suivante :

---

123. Les deux tireurs en même temps.

1ᵉʳ *mouvement*. — Elever la main droite en allongeant le bras de toute sa longueur, l'épée presque verticale.

2ᵉ. — Tomber à la position de la garde en un seul mouvement, la main tournée de tierce.

3ᵉ. — Faire un appel du pied, élever la main droite comme au premier mouvement, en rassemblant en arrière et laisser tomber la main gauche.

Dans cette position, les deux adversaires s'engagent à tirer le premier dégagement.

1er TIREUR.	2e TIREUR.
4e. Faire un couronnement d'épée, prendre la mesure par une allonge en dirigeant la pointe de l'épée un peu à gauche de l'adversaire.	Descendre la main droite à hauteur du menton, l'arme verticale et vis-à-vis l'œil gauche.
5e. Elever l'arme la pointe en l'air, se relever en un seul mouvement en rapportant le talon droit contre le talon gauche.	Elever l'arme la pointe en l'air.
6e. Saluer en quarte, puis en tierce, faire ensuite le salut de la mise en garde et tomber en garde dans la ligne de quarte.	Saluer comme le premier tireur et en même temps que lui.
7e. Tirer le dégagement sur son adversaire, et lorsqu'on a reçu sa parade, porter le faible de l'épée sur l'épaule gauche en couvrant bien la ligne d'engagement avec la main droite.	Parer tierce par le froissement, la main tournée de tierce, et laisser tomber la pointe de l'épée à hauteur du flanc droit de l'adversaire.
8e. Se relever et engager l'épée dans la ligne de tierce.	Relever l'épée et l'engager dans la ligne de tierce, la main tournée de quarte.
9e. Tirer de nouveau le dégagement, et lorsqu'on a reçu la parade, porter le faible de l'épée sur l'épaule droite, en couvrant la ligne de quarte avec la main droite.	Parer quarte la main tournée de quarte, et laisser tomber la pointe de l'épée à hauteur du flanc gauche de l'adversaire.

1er TIREUR.	2e TIREUR.
10e. Passer quatre, six ou huit dégagements de la même manière, faire une deux vivement en rassemblant en avant, laissant tomber la main gauche, la pointe de l'épée bien en face de la poitrine de l'adversaire.	Parer les dégagements de la même manière. Lorsque le 1er tireur fait une deux parer tierce, et la lame ne rencontrant pas le fer de l'adversaire, rester le bras allongé, la main tournée de tierce.
11e. Faire un coupé, la main tournée de tierce en échappant en arrière pour reprendre la position de la garde.	Ramener l'épée dans la ligne de tierce en la faisant passer par-dessus celle de l'adversaire, la main tournée de tierce.
12e. Faire un appel du pied, rassembler en arrière en élevant la pointe en l'air, le bras allongé de toute sa longueur, la main gauche tombant le long de la cuisse gauche.	Même mouvement que le 1er tireur.
13e. Comme le 4e mouvement du 2e tireur.	Comme le 4e mouvement du 1er tireur.
14e. Comme le 5e mouvement du 2e tireur.	Comme le 5e mouvement du 1er tireur.
15e. Comme le 6e mouvement du 2e tireur.	Comme le 6e mouvement du 1er tireur.
16e. Comme le 7e mouvement du 2e tireur.	Comme le 7e mouvement du 1er tireur.
17e. Comme le 8e mouvement du 2e tireur.	Comme le 8e mouvement du 1er tireur.
18e. Comme le 9e mouvement du 2e tireur.	Comme le 9e mouvement du 1er tireur.

1er TIREUR.	2e TIREUR.
19e. { Comme le 10e mouvement du 2e tireur.	Comme au 10e mouvement du 1er tireur.
20e. { Comme le 11e mouvement du 2e tireur.	Comme le 11e mouvement du 1er tireur.
21e. { Comme au 12e mouvement du 2e tireur.	Comme le 12e mouvement du 1er tireur.
22e. { Tomber à la position de la garde en un seul mouvement, en échappant en arrière, la main tournée de tierce.	Comme le 1er tireur.

Les deux tireurs en même temps :

Faire deux appels du pied, ensuite saluer les spectateurs en quarte et en tierce, rassembler en avant en laissant tomber la main gauche, élever l'arme la pointe en l'air, le bras droit ployé, la main vis-à-vis l'œil droit, les ongles en dedans, saluer devant soi en tournant la main de tierce.

124. Dans les 6e et 23e mouvements, le premier salut sera dirigé du côté où se trouve la personne la plus élevée en grade ou en dignité parmi les spectateurs.

---

125. Le mur étant terminé, les deux tireurs mettent le masque, exécutent le salut de la mise en garde et font assaut.

OBSERVATIONS.

126. Dès la mise en garde, il faut observer quelle est la ligne que l'adversaire découvre ou est sujet à découvrir, et l'attaquer dans cette ligne.

127. Celui qui attaque doit toujours faire une préparation afin de tromper son adversaire sur la véritable botte qu'il doit lui porter. Ainsi, par exemple : Menacer dans la quarte haute pour tirer dans la quarte ou dans la tierce basse, menacer à droite pour tirer à gauche, etc., etc.

128. Quand celui qui attaque a manqué le coup, il doit le recommencer immédiatement en ajoutant un mouvement de plus à sa nouvelle attaque ; l'adversaire, n'ayant pas le temps de la réflexion, emploie la même parade qui vient de lui réussir pour le premier coup et frappe dans le vide en découvrant le côté attaqué par le dernier mouvement.

129. Si l'adversaire rompt sur votre attaque, relevez-vous du pied gauche et renouvelez l'attaque avec rapidité.

130. Si l'adversaire vous tend un piége en se découvrant pour vous faire partir, tâchez de deviner son intention, faites semblant d'entrer dans le piége et préparez-lui une remise ou une riposte certaine.

131. Celui qui pare doit avoir une grande attention à ne point s'écarter de la ligne.

132. Il ne faut jamais prendre deux fois de suite la même parade : prenez une parade simple, ensuite un contre.

133. Si l'adversaire attaque par plusieurs feintes, il faut tâcher de saisir la dernière seulement sans trop s'occuper des autres qui n'ont pour but que de vous faire découvrir.

134. Il faut toujours riposter vivement après

avoir paré. On riposte par le coup droit lorsque l'adversaire n'est pas couvert sur son attaque; mais comme tous les coups doivent être tirés méthodiquement, celui qui attaque étant bien couvert, il est préférable de chercher la riposte dans le dégagement ou tout autre mouvement.

135. Si celui qui attaque a l'habitude de bien préparer ses coups et de mettre son adversaire dans l'incertitude, celui-ci, pour déjouer ses projets, rompt en lui faisant un engagement d'épée.

136. Quand celui qui attaque fait une infinité de mouvements, celui qui se tient sur la défensive relève un peu la pointe de l'épée afin que toutes les feintes se confondent dans la même ligne; ceci l'oblige à tirer droit dans la ligne découverte, et vous évitez facilement le coup par une parade simple.

137. Il faut avoir une égale connaissance de l'offensive et de la défensive, ce qui se rencontre rarement, tant la défense est difficile.

138. Le jeu régulier et ferme est celui qu'il faut employer dans l'attaque.

139. Le jeu simple et gracieux est celui qui convient à la défense.

140. Il faut être généreux dans le jeu de l'assaut, ne jamais nier les coups qui ont touché, avouer franchement sa défaite et ne pas mettre un faux amour-propre à proclamer sa supériorité. C'est aux maîtres et aux spectateurs qu'il appartient de vous juger.

TABLE DES MATIÈRES.

DEUXIÈME PARTIE.

TROISIÈME PARTIE.

Définitions des bottes.

Définitions des parades

Tableaux des leçons de la 3ᵉ partie

QUATRIÈME PARTIE.

Imprimerie de Cosse et J. Dumaine, rue Christine, 2.